ESSAI

SUR LES MOYENS D'AMÉLIORER LES FINANCES.

Par M. PIERROT,

Ancien Chef de division à l'Administration de l'Enregistrement et des Domaines.

Sic vos non vobis.

PARIS,
DE L'IMPRIMERIE DE P. GUEFFIER.

1817.

Chaque Exemplaire de cet Ouvrage sera signé par l'Auteur.

LOIS DE FINANCES.

Comparaison des Lois de 1814, 1816 et 1817.

RÉSULTAT.

La France replacée sur ses antiques bases, *la monarchie héréditaire dans la dynastie légitime*, circonscrite dans les limites qui l'avaient vue florissante et heureuse, en paix avec les puissances voisines, n'attend, pour renouveler les siècles de gloire et de prospérité qui la distinguèrent, que la protection spéciale accordée par le gouvernement à l'agriculture, à l'industrie et au commerce, sources des richesses de tout Etat civilisé.

Il est donc du devoir de tout Français, ami du trône et de la patrie, de méditer sur les mesures propres à atteindre ce but desiré, et de concourir, autant qu'il est en lui, à leur exécution.

Déjà le Roi, dans son amour pour son peuple, lui a accordé la Charte. Cette loi fondamentale,

1*

comme la loi salique, détermine et fixe les droits du monarque, les devoirs du gouvernement et des sujets. Elle crée deux grandes institutions, la Chambre des Pairs et celle des Députés, qui concourent, avec l'autorité royale, et sur sa proposition, à la formation de la loi.

Mais ces deux institutions paroissent, pour leur stabilité et faciliter l'exercice de leurs fonctions, rendre nécessaire la création d'autres institutions secondaires et durables, qui rattachent au Roi tous les sujets, et les gouvernés au gouvernement.

La finance peut offrir aussi des moyens de rétablir l'équilibre entre les recettes et les dépenses, sans augmenter les impôts, dont le fardeau peserait trop sur les propriétaires, les manufacturiers et les commerçans, et par suite sur la classe du peuple qu'ils employent, et même sur tous les Français.

C'est à indiquer ces institutions et ces moyens que tend cet ouvrage.

Il convient d'abord de jeter un coup d'œil rapide sur les lois de finances de 1814, 1816 et 1817.

Par la première, on ordonna, comme moyens extraordinaires, pour l'acquittement de l'arriéré, payable soit en obligations portant 8 pour cent d'intérêts, soit en inscriptions sur le grand-livre de la dette publique, la vente de 300,000 hectares de bois de l'Etat ; on maintint l'aliénation des biens des communes, décrétée par la loi du 20 mars 1813; on affecta aussi le produit des biens cédés à la caisse d'amortissement.

La seconde de ces lois, en réunissant l'arriéré antérieur au 1er. janvier 1816, réduisit à 5 pour cent l'intérêt des obligations à émettre, et disposa que les reconnaissances de liquidation non inscrites au grand-livre, seraient acquittées suivant le mode à fixer, dans la session de 1820. La même loi fit cesser la vente des bois de l'Etat, et remit à la disposition des communes leurs biens non encore vendus.

On pourvut aux dépenses extraordinaires de 1816, indépendamment des centimes additionnels, par le doublement de la taxe des patentes, par le produit des cautionnemens, la retenue sur les traitemens, l'abandon fait par le Roi d'une portion de la liste civile, par des augmentations sur le timbre, l'enregistrement et les douanes, par les recouvremens à faire sur les bois de l'Etat et les biens des communes précédemment vendus, ainsi que sur les décomptes de domaines, enfin par un crédit de six millions de rentes.

Les boissons furent assujetties à un droit de circulation, d'entrée et de vente en détail; les brasseries à un droit de fabrication ; on régla la fabrication et la vente du tabac ; une nouvelle caisse d'amortissement fut créée et dotée du revenu des postes.

On établit une caisse spéciale de dépôts et consignations.

Par la troisième loi (celle du 25 mars 1817 sur les finances), on désigna les créances dont se compose l'arriéré antérieur à 1816 ; le paiement dut en être fait en reconnaissances de liquidation négociables et payables au porteur, dont le remboursement en numéraire, et à défaut, en inscriptions de rentes au cours moyen des six premiers mois qui auront précédé l'année du remboursement, doit être effectué par cinquième d'année en année, à commencer de 1821. La faculté fut conservée aux créanciers de faire inscrire immédiatement au grand-livre de la dette publique le montant de leur créance pour *sa valeur nominale.*

Les créanciers durent produire leurs titres dans le délai de six mois, après la publication de la loi, sous peine de déchéance, sans préjudice des délais, déjà fixés et des déchéances encourues ou à encourir.

Il fut fait quelques modifications aux lois sur les patentes, et le doublement de la taxe fut supprimé.

Le droit de circulation des boissons fut augmenté, et le droit d'entrée qui ne se percevait que dans les villes d'une population de 2000 ames, fut étendu aux communes d'une population de 1500 individus; on soumit les huiles à un droit d'entrée dans les villes d'une population de 2000 ames.

La quotité du droit sur les voitures publiques fut déterminée.

On ouvrit au ministre des finances un crédit de 30 millions de rentes pour des emprunts ou négociations applicables au service de 1817 et des années suivantes.

Les produits nets de l'*enregistrement*, du *timbre* et des *domaines; ceux de l'administration des postes et de la loterie* furent affectés, 1°. au paiement des intérêts de la dette perpétuelle présumée, en 1817, être de 117 millions; 2°. à la dotation de la caisse d'amortissement jusqu'à concurrence de 40 millions; et le ministre fut autorisé à traiter soit avec la banque de France, soit avec la caisse des dépôts et consignations, pour le paiement de ces intérêts et pour le service de cette caisse.

Le titre XI de la loi contient les dispositions suivantes :

Dotation de la Caisse d'amortissement.

Art. 143. « Tous les bois de l'Etat sont affectés » à la caisse d'amortissement, à l'exception de » la quantité nécessaire pour former un revenu » net de quatre millions de rente, dont il sera » disposé par le Roi pour la dotation des éta- » blissemens ecclésiastiques.

144. » La portion réservée sera prise dans les » grands corps de forêts.

145. » La caisse d'amortissement ne pourra » aliéner les bois affectés à sa dotation qu'en » vertu d'une loi. Elle est seulement autorisée » à mettre en vente, à partir de 1818, jusqu'à » concurrence de cent cinquante mille hectares » de bois, en se conformant aux formalités éta- » blies pour la vente des propriétés publiques.

146. » Le produit des coupes de la totalité des » bois de l'Etat, estimé, pour l'ordinaire de 1817, » à seize millions quatre cent mille francs, » continuera d'être versé au trésor royal pour » l'année 1817, et la dotation de la caisse » d'amortissement sera acquittée en totalité, » pour la même année, sur le produit des re- » venus composant le budget particulier de la » dette consolidée et de l'amortissement.

147. » La conservation et régie des bois dont » la propriété est dès-à-présent transportée à la

» caisse d'amortissement, ainsi que les ventes
» des coupes annuelles, resteront confiées aux
» administrations qui en sont aujourd'hui char-
» gées, jusqu'à ce qu'il en soit autrement
» ordonné. »

La session des Chambres *devant s'ouvrir le 5 novembre prochain,* pour l'année 1817, il est permis de se demander, dans l'intérêt de l'Etat, *en supposant que le subside aux étrangers et l'entretien de leur armée d'occupation* dussent faire naître de nouveaux besoins et occasionner dans le budget un déficit dans la recette, comparée à la dépense, s'il est convenable d'augmenter les impositions ou de recourir à de nouveaux emprunts? Si ces moyens n'étaient pas raisonnablement praticables, s'il n'y aurait *pas de graves inconvéniens à aliéner les bois de l'Etat?* Dans le cas où ces diverses mesures devraient être rejetées, quel serait le mode qui se concilierait avec la politique et les contributions actuellement subsistantes?

Les contributions paraissent ne pas être susceptibles d'augmentation : la contribution foncière, à raison des mauvaises récoltes des années précédentes, de la perte d'une partie du bétail, et parce que la quotité de la taxe ne peut être élevée, si l'on veut protéger l'agriculture.

Les contributions personnelle et mobilière, celle sur les portes et fenêtres étant perçues par doublement, dispensent d'observations.

Les encouragemens à donner à l'industrie ne permettraient pas une addition à la taxe des patentes.

Les douanes et les contributions indirectes paraissent avoir atteint la quotité la plus haute sur tous les objets imposables, et les amendes excessives auraient pu être mieux proportionnées aux contraventions relatives aux boissons.

Si les fers, les cuirs, les papiers et amidons ne sont pas compris dans la dernière de ces administrations, cette exception est utile aux fabriques dont l'impôt compromettrait peut-être le succès dans ces temps, et des vues politiques peuvent, d'ailleurs, l'avoir commandée.

Il serait plus à propos de refondre en une seule loi celles qui régissent l'enregistrement, d'en revoir les articles et de les co-ordonner d'après la nature des actes et des mutations, que de proposer un accroissement à cet impôt.

Les lois sur le timbre devraient aussi être refondues en une seule. En élevant trop cet impôt, il pèse beaucoup sur la classe peu aisée et sur le commerce.

Les postes, considérées comme service public

et comme produisant un revenu au trésor royal, méritent toute la protection du Gouvernement.

La loterie offre, à des spéculations inconsidérées, un appât dangereux. Ses bureaux ne doivent donc pas être trop multipliés sans nécessité.

Recourra-t-on à de nouveaux emprunts? La dette considérable qui absorbe une très-forte partie des recettes, ne permettrait pas de créer des moyens d'amortissement suffisans; ainsi, l'emprunt nuirait au crédit public.

Eh quoi! lorsque le peuple est écrasé d'impôts, que des suppressions se font dans toutes les branches de l'administration, il n'y aurait d'autres moyens que des emprunts indéfinis? Des intérêts énormes, qui en seraient la suite, ne laisseraient aucun espoir de voir à l'avenir modérer les contributions, aucune espérance de prospérité nationale! N'a-t-on pas assez emprunté? le fardeau de la dette n'excède-t-il pas la proportion qui doit être observée dans la part des revenus destinée à l'acquitter?

L'on peut entreprendre de justifier une dette publique dans un Etat sagement constitué, lorsqu'elle est renfermée *dans de justes bornes*. Elle rattache à l'intérêt commun les intérêts particuliers; elle alimente la circulation, retient en France le numéraire qui pourrait être placé chez l'étranger ; elle est le modérateur du taux de l'intérêt de l'argent : l'emprunt empêche, dans certains cas, l'augmentation *subite et forcée* de la masse des impositions ; et s'il faut les augmenter à la suite et à mesure que la dette augmente, le Gouvernement, qui a usé, *avec modération*, de son crédit, a pu en retirer de grands avantages.

Mais la facilité de l'emprunt, en établissant une charge durable, a de graves inconvéniens, et des circonstances imprévues ne permettent pas toujours à un Etat de se libérer ; l'histoire du passé n'offre que trop de preuves de ce fait. Ne se rappelle-t-on pas les effets désastreux des emprunts faits de 1777 à 1789 ? ils montèrent à 1445 millions ; et ce fut la nécessité de combler le déficit, qui, avec des passions exaltées, produisit la révolution.

Il ne serait pas sage de comparer notre dette avec celle de l'Angleterre. Le crédit est en rapport des bénéfices du commerce, des richesses de l'Etat et des particuliers, puisque ce sont les bases de l'impôt. Avons-nous, comme Londres, de riches comptoirs dans les Indes, une quantité innombrable de vaisseaux, des milliers d'excellens marins ? faisons-nous le commerce du monde (1)? Voilà les sources de la richesse de nos rivaux et leurs moyens de crédit. Sans ces précieux avantages, résultat de sa position entre les mers, de longues années d'une administration expérimentée et qui ne s'écarte jamais du plan qu'elle s'est tracé, nous ne pouvons imiter l'Angleterre dans ses emprunts, sans aggraver nos charges et sans exposer la France à des crises. N'oublions pas que chaque pays a un mode spécial d'administration qui lui convient; que si des plantes fructifient sur un sol, elles périssent sur un autre; et concluons, des développemens qui précèdent, que l'augmentation de la dette de l'Etat, par de nouveaux emprunts, serait une calamité.

Bois de l'État.

La contenance des forêts domaniales est de 1,271,238 hectares; le produit annuel peut en être évalué à 16 millions pour les coupes mises en adjudication; et comme il doit en être déduit

(1) Londres avait, avant notre révolution, d'immenses possessions. La dernière guerre lui a donné Sainte-Lucie, Tabago, l'Isle-de-France, Rodrigue et les Séchelles, Démérary, Berbice, Essequebo, le cap de Bonne-Espérance, Ceylan, l'île de Malte, les Sept-Isles, Héligoland, et tant d'autres îles dont on ne parle pas.

la quantité d'hectares nécessaire à la formation d'un revenu net de 4 millions de rente, dont le Roi disposera pour la dotation des établissemens ecclésiastiques (loi du 25 mars 1817, sur les finances), il en résulte qu'il y aura lieu à la réduction d'un quart sur le revenu de 16 millions et sur les 1,271,238 hectares; ce qui réduira le revenu à 12 millions, et la contenance des bois de l'Etat à 953,428 1/2 hectares: c'est ce nombre d'hectares que la loi affecte à la dotation de la caisse d'amortissement. Le fonds et la superficie aliénés au prix commun de 750 fr. l'hectare, produiraient environ 715,071,000 fr., sur lesquels il y aurait encore à déduire les frais pour parvenir à l'aliénation et faire la recette. C'est sans doute cette somme que l'on destine à l'acquit, 1°. de la contribution de guerre et à l'entretien, solde et habillement des troupes étrangères, pendant les trois années (1818, 1819 et 1820) qui restent à écouler, si ces troupes ne sont pas retirées, comme nous devons nous y attendre, puisque la France est tranquille; dépenses qui paraissent pouvoir s'élever à 900 millions; 2°. de l'arriéré des caisses du trésor royal, présumé être d'environ 130 millions.

En lisant les articles de la loi du 25 mars 1817, relatifs à cette affectation, en les rapprochant des ordonnances de nos Rois, et sur-tout de celle de 1669, concernant la conservation des forêts, je n'ai pu, je l'avoue, me défendre d'un sentiment pénible. Eh quoi! me suis-je dit, nos anciens monarques et nos pères auront pris toutes les précautions les plus sages pour assurer à notre marine des bois de construction, aux usines un combustible indispensable; aux bâtimens, aux ustensiles aratoires et à la fabrication des meubles, les bois nécessaires; ce patrimoine de nos Rois ou des établissemens que l'État représente, va devenir l'objet des spéculations de quelques avides monopoleurs, ou de ces *bandes noires* si funestes à l'industrie française! Oh! si Sully et Colbert pouvaient renaître, que de reproches ils nous feraient, eux dont tous les soins tendaient à réunir au domaine de la couronne ces propriétés précieuses!

Serait-ce pour parvenir à cette aliénation qu'on a supprimé l'administration des forêts et ses conservateurs?. Je lis dans le rapport du ministre des finances sur le budget de 1817, cette observation importante et judicieuse: « L'administra-
» tion des forêts avait été réunie, *pendant la*
» *révolution*, à celle de l'enregistrement et des
» domaines: les opérations confiées à cette der-
» nière régie étaient déjà tellement multipliées,
» qu'il lui était impossible de donner à l'adminis-
» tration des bois les soins particuliers dont elle
» est susceptible. Cette *importante partie du*

» *domaine public* a été confiée, en l'an 8, à l'ad-
» ministration *spéciale* qui existe aujourd'hui. »

La loi du 25 mars 1817, sur les finances, en affectant les bois à la dotation de la caisse d'amortissement, porte expressément, art. 147, que la conservation et régie, et la vente des coupes annuelles, resteront confiées aux administrations qui en sont chargées, jusqu'à ce qu'il en soit autrement ordonné.

Cependant l'administration des forêts et les conservateurs ont été supprimés dans le mois de mai suivant (1); et l'administration des domaines, réduite déjà par des suppressions, a été chargée des fonctions que remplissait précédemment celle des forêts. Cette réunion est-elle dans l'intérêt de l'État, ou ne doit-on la considérer que comme une mesure préparatoire pour parvenir à l'aliénation des forêts? La vente, lors même qu'elle s'éleverait à 700,000,000 francs, ne répondrait pas à nos besoins; et il est à craindre qu'on n'atteigne pas à beaucoup près cette somme, la quantité considérable des bois à aliéner devant en faire baisser le prix. Remarquez qu'en payant 750 francs un hectare, *fonds et superficie*, l'acquéreur ne paie qu'à-peu-près la valeur de la coupe. La vente des bois n'enrichira pas plus le trésor que la vente des domaines nationaux;

(1) Six conservateurs ont été depuis rétablis.

et chacun sait que les finances étaient dans l'état le plus déplorable à l'époque où la nécessité obligea de revenir au rétablissement des contributions indirectes.

Qui garantira les abus d'exploitation, lorsque les bois ne seront surveillés que par des gardes payés par le propriétaire qui voudra abattre? Des compagnies ou associés étrangers ne deviendront-ils pas maîtres de notre marine, lorsqu'ils seront acquéreurs des forêts de l'Etat? Le monopole dans les chantiers ne sera-t-il pas facile à concerter entre mille à deux mille acquéreurs qui se seraient coalisés pour cet objet? Ne sait-on pas que l'on n'acquiert les bois qu'en grandes masses? Que deviendront les semis et plantations dans quelques terreins peu fertiles? Les forêts, si elles faisaient partie de la liste civile, donneraient au trône plus d'éclat. Qu'elles soient administrées comme domaines de la couronne ou comme propriétés de l'État, la marine peut se remonter; le service des usines est assuré, et l'on aura des bois propres à la construction des bâtimens, à la fabrication des meubles et au chauffage. Evitons toute versatilité dans les mesures. Qu'on ne dise plus qu'en 1814 on autorisa la vente de 300,000 hectares; qu'en 1816 on la fit cesser, et qu'en 1817 on permit l'aliénation de tous les bois de l'État affectés à la caisse d'amortissement, sauf la réserve d'une portion pour les établissemens ecclésiastiques.

Faisons, au contraire, revivre l'ancienne et fondamentale maxime de l'inaliénabilité des forêts de la couronne et de l'État.

Biens des Communes.

Leur conservation étant nécessaire pour l'entretien des églises, presbytères, maison commune ou d'école et d'instruction, réparation des chemins vicinaux, entretien des halles, pavé, fontaines et d'horloge, paiement de gardes-champêtres, confection des registres de l'état civil, et autres dépenses urgentes et indispensables, on doit en laisser l'administration aux communes : toutes avaient réclamé contre la vente ; cette uniformité de vœux prouve les inconvéniens qu'aurait eus l'aliénation, contraire d'ailleurs à la Charte, puisque ces biens sont un patrimoine, des propriétés locales qui doivent être respectées. Les dispositions de la loi du 28 avril 1816 sont à cet égard trop sages pour qu'il y soit dérogé.

Maîtrises des Arts et Métiers.

Le rétablissement des maîtrises et communautés d'arts et métiers est-il utile au commerce, à l'industrie, aux consommateurs et à l'état? Les patentes sont-elles préférables?

Les jurandes ont été établies en même temps que les arts et métiers furent mis en communautés par Saint-Louis.

« Etienne Boileau, prévôt de Paris, magistrat
» digne des plus grands éloges, rangea tous les
» marchands et artisans en différens corps de
» communautés, sous le titre de confréries; il
» dressa les premiers statuts et forma plusieurs
» réglemens, ce qui fut fait avec tant de justice et
» une si sage prévoyance, que ces mêmes statuts
» n'ont presque été que copiés ou imités dans
» tout ce qui a été fait depuis pour la discipline
» des mêmes communautés ou pour l'établis-
» sement des nouvelles qui se sont formées
» dans la suite des temps. »

(Le Président HAINAULT, *Histoire de France*, *années* 1269 *et* 1270.)

Des établissemens qui ont duré plus de cinq siècles, des établissemens sous le régime desquels l'industrie française avait acquis un grand ascendant sur les autres peuples, pour ses manufactures de soieries et de draps, pour sa bonneterie, sa chapellerie, ses toiles, ses linons, ses batistes, ses dentelles, son orfévrerie, ses tanneries, sa mégisserie, ses faïenceries, ses verreries et ses glaces; des établissemens qui, en faisant fleurir le commerce intérieur et celui de la métropole avec ses colonies, produisaient annuellement une balance considérable en faveur de la France, ont assez prouvé leur utilité par une longue expérience.

Les corporations d'arts et métiers considérées sous un rapport politique, sont des institutions secondaires indispensables dans une monarchie pour lier davantage les sujets au Roi, et former autant de familles qu'il y a de corporations. Louis XVI serait peut-être encore sur son trône, si l'on n'eût commencé, en 1791, par en saper les bases, en supprimant les compagnies des maîtrises et jurandes.

Les maîtrises dispensent le gouvernement de veiller à la police de chaque membre des communautés d'arts et métiers; par leur stabilité elles assurent la bonne confection des marchandises, elles favorisent les spéculations et les entreprises; elles empêchent les fraudes et les ventes clandestines, elles préviennent et rendent moins fréquentes les faillites et banqueroutes, puisque chacun est connu dans le seul genre d'industrie qu'il exerce. Avec les maîtrises, le commerce se fait par les Français, puisqu'une fois établies, les étrangers ne peuvent être reçus maîtres qu'après plusieurs années d'apprentissage et en se fixant en France. Les importations et les exportations prohibées ont lieu plus difficilement. Le consommateur paye moins cher des marchandises de meilleure qualité, parce que les anciennes maisons sont jalouses de conserver de père en fils leur réputation et leurs pratiques. Partout l'ordre, l'économie règnent ; ce n'est pas le moindre des avantages pour l'industrie et le commerce.

Dira-t-on que la patente est préférable à la maîtrise ? Qui ne voit qu'elle établit la confusion, en réunissant dans la même main plusieurs sortes de commerce souvent incompatibles ; que des hommes sans expérience se ruinent ou ruinent ceux avec qui ils traitent, parce que, passant d'une profession à une autre, leurs opérations restent inconnues ; qu'aucun état n'est fixe ; que tous les ans il faut renouveler la patente, éprouver des difficultés sur le classement, et détourner le manufacturier, le marchand et l'artisan, de ses occupations, et lui faire perdre un temps précieux.

Objectera-t-on que les maîtrises portent atteinte à la liberté du commerce ? Mais la licence n'est pas plus la liberté lorsqu'il s'agit de régler l'industrie, que la licence politique n'est la vraie liberté. De sages lois et des réglemens appropriés et stables feront jouir le commerce de tous les avantages d'une liberté raisonnable, la seule que le gouvernement doive protéger.

Voulez-vous juger par le passé? Le commerce, les manufactures sont-ils plus florissans depuis que les patentes remplacent les maîtrises? Nos rivaux dans tous les genres d'industrie ont-ils aboli ces corporations? Imitons-les en cela, et fermons l'oreille aux déclamations des économistes qui ne voulaient qu'un seul impôt sur les terres, l'abolition des douanes, et la liberté commerciale et politique pour le monde entier.

La France, après vingt-cinq ans de malheurs, sait apprécier leur système. Plus d'essais! ils sont trop funestes. Consultons l'expérience des siècles, et rétablissons, pour le commerce et l'industrie, ce qui fit autrefois leur prospérité.

Rétablissons les jurandes et les corporations avec des statuts reconnus et homologués par le gouvernement, et qu'un article précis attribue aux conseils de préfecture la connaissance, sans frais, des discussions qui pourraient s'élever entre ces corps. Dans les circonstances où nous nous trouvons, le bien que l'on vient d'indiquer ne sera pas le seul que produiront les maîtrises. L'Etat a des besoins, et la création de ces corporations fournira au trésor royal des ressources précieuses.

On estime qu'il peut y avoir un million d'articles de patentes ; en tarifant chaque maîtrise, l'une dans l'autre, à 300 fr., le trésor recouvrerait 300 millions ; c'est à-peu-près le capital du revenu des patentes, qui est de 16 millions.

Pour faciliter le paiement de la maîtrise, ceux qui les leveraient, pourraient être admis à souscrire trois obligations de sommes égales payables par tiers dans le délai de trois ans, de manière que, chaque année, le trésor recevrait 100 millions, à moins qu'il ne préférât de les négocier, si des besoins impérieux du service l'exigeaient.

Le maître qui emprunterait pour payer sa maîtrise, serait autorisé par la loi à accorder au bailleur de fonds un privilége sur cette maîtrise.

Chaque corporation, lorsque le nombre des maîtres aurait été fixé, pourrait aussi être autorisée à emprunter pour le paiement des maîtrises, à la charge que la corporation serait solidairement tenue de la dette. Ce mode de placement sur ces corps était autrefois très-recherché, parce qu'il offrait sûreté et que les débiteurs se trouvaient domiciliés près du créancier.

A l'expiration des trois années accordées pour le paiement de la maîtrise, il pourrait être perçu annuellement, sur chaque corporation, une légère taxe d'industrie dont le produit pourrait représenter le quart du produit des patentes. Cette taxe serait levée par les syndics, qui en feraient le versement aux receveurs particuliers des finances.

Création des offices de judicature et des charges héréditaires, au moyen d'une finance.

Est-il convenable de rendre héréditaires les offices de judicature et les charges, en payant une finance ?

L'hérédité des offices et des charges est encore une de ces institutions précieuses qui donnerait plus de stabilité à la monarchie, puisqu'elle lierait plus étroitement les magistrats et divers officiers publics à la prospérité de l'Etat et à l'affermissement du trône.

La finance versée au trésor royal, pour obtenir l'hérédité, procurerait une ressource abondante qui, jointe aux mesures que nous indiquons, dispenseraient de vendre les bois de l'Etat et d'établir de nouveaux impôts, ou d'augmenter ceux existans. Le remboursement des offices supprimés avait été estimé en 1791, par le commissaire chargé de leur liquidation, à 800 millions : on pourrait donc évaluer le rétablissement des offices et des charges à 600 millions, déduction faite du montant des cautionnemens précédemment fournis, que l'on présume être d'environ 200 millions, les intérêts compris pour cet objet dans la dépense de la loi du 25 mars 1817, ayant été fixés à 9 millions, à raison de 4 pour cent du capital des nouveaux cautionnemens, et de 5 pour cent alloués pour plusieurs des cautionnemens créés antérieurement. Il est même probable que le trésor recevrait plus de 600 millions, la finance des offices réglée depuis plusieurs siècles devant, par la nature des choses, être susceptible d'augmentation.

Etablissons d'abord les avantages de l'hérédité des offices, après une analyse rapide de l'administration de la justice.

Sous les deux premières races de nos rois, la justice s'administrait au nom du Roi dans les terres dépendantes de ses domaines, et par les seigneurs, dans l'étendue de leur seigneurie. Elle le fut ensuite par les baillis de robe longue, en conservant les baillis d'épée. Dans des temps postérieurs, on appela des justices seigneuriales aux tribunaux établis par le Roi.

Pendant un temps la justice s'exerça en vertu de commissions temporaires, et elles furent ensuite données à vie. A cette époque on voit que les offices et les charges ne pouvaient être transmises héréditairement, moyennant finance.

Mais sous les règnes de Louis XII, de François Ier., d'Henri IV, de Louis XIII et de Louis XIV, on reconnut la nécessité de rendre héréditaires les offices et charges, pour affermir la puissance royale, diminuer celle des puissans vassaux, rendre l'administration de la justice plus stable et plus éclairée, et pour procurer au trésor royal des ressources que les guerres et les besoins de l'État avaient rendues indispensables.

Cet ordre de choses dura jusqu'à la révolution qui amena la suppression des offices et des charges.

Cependant on doit convenir que l'hérédité moyennant finance a de grands avantages. La magistrature est plus stable, elle prête son appui au monarque ; comme le juge n'a plus à capter la bienveillance populaire, qu'il se livre sans distraction à l'étude des lois, que l'instruction se transmet du père au fils, il est évident que l'administration de la justice est meilleure que lorsque le choix dépend des caprices du peuple, de sollicitations des candidats, et de la faveur des grands. Dans ces temps, le juge n'était reçu qu'en produisant des certificats de capacité et de stages, d'après des informations de vie et de mœurs ; son office ne lui rapportait pas même l'intérêt légal de la finance : la considération et l'honneur de siéger lui suffisaient. Aussi avons-nous vu pendant cette époque briller les plus grands magistrats, tels que les de L'Hôpital et les Daguesseau ; de grands jurisconsultes, Domat, Pothier, et tant d'autres.

On remarqua aussi, et l'histoire a conservé les noms des magistrats les plus fidèles à la dynastie de nos Rois ; et de nos jours, n'avons-nous pas vu des membres, des cours de justice entières, prouver, en périssant sur l'échafaud, leur fidélité au monarque et à la monarchie que la fureur des factions renversait.

A ces avantages, que l'exemple du passé ne démontre que trop, que pourrait-on actuellement opposer ? Dira-t-on que l'hérédité entraîne de grands inconvéniens ? Parlera-t-on de priviléges, du droit accordé à certaines familles de prononcer sur l'honneur, la vie et la fortune des particuliers, du tort qui résulte pour la société de détourner un grand nombre de Français des travaux de l'agriculture, de l'industrie et du commerce ? Telles étaient les déclamations des économistes, déclamations que les hommes d'Etat méprisaient avec raison.

Des priviléges ! il n'en existe plus depuis la Charte. Tous les Français sont égaux devant la loi, quels que soient d'ailleurs leurs titres et leurs rangs; tous contribuent indistinctement, dans la proportion de leur fortune, aux charges de l'État; tous sont également admissibles aux emplois civils et militaires; leur liberté individuelle et leurs propriétés sont également respectées.

Au moyen de l'institution du jury, des familles ne prononcent plus sur l'honneur et la vie des individus; les fonctions du juge se bornent à faire l'application de la loi. Quant aux affaires civiles, un code uniforme, l'éducation, la fortune, l'instruction, l'amour de la justice et le désir de la considération publique, assurent encore l'avantage à l'hérédité des offices, dont la finance est une nouvelle garantie offerte au public.

On ne nuira ni à l'agriculture, ni à l'industrie, ni au commerce, lorsqu'on ne créera d'offices et de charges que le nombre suffisant pour les besoins du service; car, que les offices soient électifs, à vie, ou héréditaires, le nombre des titulaires n'est pas augmenté; et comme il y a moins de variations dans l'état des personnes, cela est encore préférable pour la société.

Si l'hérédité des offices et des charges produit de grands avantages pour la société, si le trésor royal trouve dans la finance payée pour leur création, des ressources abondantes qui fassent succéder le bien du service à la pénurie et à un état de gêne, hâtons-nous d'adopter cette mesure salutaire.

Mais quel serait le mode d'exécution ? Les juges de paix sont amovibles : ceux des tribunaux sont inamovibles. Les notaires, les officiers ministériels, les préposés aux finances ont déjà fourni des cautionnemens ; il est des charges qui n'existent plus que par brevets ou à titre de commissions.

Ordre judiciaire.

La Charte porte, article 57 : « Toute justice
» émane du Roi. Elle s'administre en son nom
» par des juges qu'il nomme et qu'il institue.

58. » Les juges nommés par le Roi sont ina-
» movibles.

59. » Les cours et tribunaux ordinaires ac-
» tuellement existans sont maintenus. Il n'y sera
» rien changé qu'en *vertu d'une loi.*

60. » L'institution actuelle des juges de com-
» merce est conservée.

61. » La justice de paix est également con-
» servée. Les juges de paix, quoique nommés
» par le Roi, ne sont point inamovibles. »

On ne propose aucune modification à l'institution des juges de commerce, conservée par l'article 60.

Quant aux cours et tribunaux ordinaires dont les juges sont nommés, institués par le Roi, et inamovibles, dès qu'une loi peut, d'après l'article 59, apporter des changemens à leur organisation, le plus utile ne serait-il pas l'hérédité des offices ?

Le Roi nommant les juges de paix qui sont amovibles, on pense que Sa Majesté, en proposant une loi pour leur accorder l'hérédité, ajouterait à leur considération, donnerait, par la finance de l'office, une nouvelle garantie aux justiciables, et consoliderait ces établissemens si nécessaires au peuple pour que la justice lui soit rendue sans déplacement. Peut-être aussi conviendrait-il d'augmenter la compétence des juges de paix, en les autorisant à prononcer en dernier ressort pour des sommes un peu plus fortes.

Ainsi la loi érigerait en offices héréditaires ceux de la cour de cassation, de la cour des comptes, des cours royales, des tribunaux ordinaires et de juges de paix. Le premier président et le procureur général des cours ci-dessus désignées, continueraient, à raison de la nature de leurs fonctions, d'être à la seule nomination du Roi, ces places éminentes, d'après des considérations politiques, ne pouvant devenir des offices héréditaires.

Les notaires, greffiers, commissaires-priseurs et huissiers obtiendraient l'hérédité, moyennant un supplément de finances tarifé d'après la population et la richesse commerciale, industrielle ou agricole, du lieu de leur résidence, et en recevant à compte du prix de l'office, le montant de leur cautionnement.

Il est plusieurs fonctions administratives auxquelles l'hérédité pourrait être attachée, principalement celles de maires et d'officiers municipaux.

On créerait en titres d'offices les recettes générales, les recettes d'arrondissement, les places de percepteurs, de payeurs divisionnaires, payeurs de département ou payeurs dans les ports maritimes. Les cautionnemens déjà fournis feraient partie de la finance.

Il existait des charges militaires, il y en avait aussi chez le Roi et chez les princes. Si Sa Majesté jugeait à propos de les rétablir, elle obtiendrait des fonds considérables.

Pour les offices de judicature, les charges administratives ou de finance, les titulaires fourniraient trois obligations de sommes égales, payables en trois ans, une par année. On précompterait les cautionnemens à ceux qui en ont fourni.

Les créanciers qui prêteraient leurs fonds, auraient privilége sur l'office, après les faits de charges.

Les juges, en payant la taxe de finance, conserveraient leurs traitemens actuels; mais il n'aurait plus lieu en faveur de leurs successeurs, qui ne jouiraient que de l'intérêt de la finance, et d'honoraires modiques pour chaque affaire jugée : ce qui accélérerait la fin des instances et des procès.

COMPAGNIE DES INDES.

Sa formation au moyen d'actions composées des paiemens en numéraire des intérêts d'une portion de la dette publique.

Le rétablissement du commerce maritime, influerait puissamment sur l'aisance des particuliers et sur les revenus de l'Etat. Mais comment y parvenir après de longues guerres et de grandes calamités? Un simple armateur, le négociant isolé, aura-t-il des capitaux suffisans pour faire les avances considérables de voyages de longs cours et pour surmonter les obstacles que de pareilles entreprises rencontrent dans le principe? Deux compagnies, dont l'une obtiendrait pour vingt ans, le commerce de nos colonies occidentales, et l'autre celui des colonies orientales et des côtes d'Afrique, ne contribueraient-elles pas mieux à y rétablir l'ordre, à faciliter les échanges avec la métropole, à raviver partout le commerce et l'industrie? N'avons-nous pas eu des compagnies d'Occident, et ensuite des compagnies des Indes, qui, dans le siècle dernier, ont rendu de grands services à la France? Leur suppression, que des prêts faits au gouvernement parurent avoir occasionée, n'eut-elle pas aussi d'autres causes? La supériorité dans l'Inde, les richesses et l'étendue de territoire d'un peuple commerçant dont la compagnie y est établie, ne se sont-elles pas accrues hors de toute proportion depuis cette époque?

La France retirerait donc de grands avantages d'une compagnie qui s'occuperait actuellement du commerce de la Martinique, de la Guadeloupe et de la Guyanne, et d'une autre compagnie pour les établissemens français de l'Inde, tels que Pondichéry, Chandernagor et autres comptoirs, et pour l'Ile-de-Bourbon.

Un fonds de 4 millions numéraire pourrait suffire pour les premières opérations de chaque compagnie, aussitôt qu'une loi aurait autorisé leur création, sur la proposition du gouvernement.

La compagnie serait formée de quatre mille actions, chacune de mille francs : on pourrait y employer les intérêts des obligations du trésor royal et des reconnaissances de liquidation; ceux d'une portion des 5 pour cent consolidés, que des capitalistes, créanciers de l'Etat, consentiraient à verser dans cette entreprise. Huit millions pour cet objet, dussent-ils être prélevés sur les intérêts seuls de la dette publique, ne formeraient pas le seizième des intérêts de cette dette payée pour un an. On est donc fondé à penser que des créanciers, des spéculateurs, des banquiers ou négocians s'empresseront de s'unir et de compléter le nombre des actions. Ce qui a été fait pour la Banque de France, son succès dans des temps même désastreux, promettent aux compagnies de commerce, de la facilité pour leur renouvellement et un grand bénéfice dans leurs opérations.

Ces compagnies donneront, comme par le passé, une nouvelle vie au commerce. Elles formeront des marins, enrichiront la France et particulièrement les ports qui leur seraient assignés; elles porteront au loin l'amour du Roi et de la patrie. Il y a aussi une gloire solide et chère à l'humanité, à faire aimer et respecter dans les pays lointains le nom français.

En 1717, une compagnie de commerce fut

créée avec 4 millions numéraire provenant des intérêts payés pour un an, sur une portion de la dette de l'Etat, affectée à cette compagnie.

Ce qui fut fait alors, nous instruit de ce que nous pouvons et devons faire actuellement dans l'intérêt du commerce et celui de la France entière.

Compagnies financières et Cautionnemens.

Le rétablissement des compagnies financières avec des cautionnemens procurerait au trésor royal le prompt versement de sommes considérables, donnerait à ces compagnies plus de stabilité, aux administrateurs plus de considération, aux employés utiles et probes la certitude de conserver leurs places, en les mettant à l'abri de l'intrigue, et le public y trouverait la garantie d'une sage administration, par la réunion des lumières et de l'expérience d'hommes qui ne devraient rien à la faveur.

Voyons ce qui existait avant la révolution, et ce qu'il pourrait convenir de faire actuellement.

En 1780, Louis XVI avait divisé les fermes et régies en trois grandes compagnies, sous les noms de *ferme générale*, de *régie générale* et d'*administration générale des domaines et droits domaniaux.*

Pour ces divers services, on nomma quarante intéressés pour la première compagnie ; vingt-cinq pour la seconde, et vingt-cinq pour la troisième.

Le fonds d'avance ou cautionnement de chaque fermier-général, était de quinze cent soixante mille francs ; celui de chaque régisseur, d'un million ; et celui de chaque administrateur des domaines fut aussi fixé à un million.

Ces compagnies délibéraient en comités et en assemblées générales. Elles avaient la nomination de tous leurs employés. Un intendant des finances était l'intermédiaire entre elles et le contrôleur général des finances.

Supprimées en 1790, elles furent successivement remplacées par les trois administrations des douanes, de l'enregistrement et des domaines, et des contributions indirectes.

En 1791, l'administration des domaines avait dix administrateurs ; le nombre porté ensuite à douze, puis réduit à huit, n'est plus que de quatre depuis la réunion de l'administration des forêts, et qu'au mode de régie établi pour ces compagnies on a définitivement substitué les directions générales.

En se reportant au passé, on pensera peut-être que, lorsque les affaires étaient rapportées, discutées, et les délibérations prises à la majorité dans les assemblées de la compagnie, que les administrateurs avaient la libre et entière nomination des préposés, l'administration avait nécessairement plus de dignité et de force, plus d'uniformité, plus d'ensemble. Je laisse aux hommes d'Etat, aux administrateurs éclairés et instruits qui ont vieilli dans les administrations, à décider si les régies, telles qu'elles étaient composées, administrant sous la surveillance d'un intendant des finances, ne procuraient pas le bien de l'Etat avec plus de facilité et plus sûrement que les directious générales, où le directeur général seul nomme les préposés et administre, en ne laissant aux administrateurs que les fonctions qu'il lui plaît de leur déléguer.

Quelle que soit à cet égard l'opinion, toujours on demeurera d'accord que le nombre des administrateurs n'est pas proportionné à l'importance de leurs fonctions, à la multiplicité des affaires; qu'il est insuffisant pour diriger deux ou trois mille, et même six à dix mille préposés; que des perceptions difficiles et des produits immenses exigeraient un nombre suffisant d'administrateurs expérimentés pour conserver avec sagesse les intérêts du trésor royal, sans blesser la justice et l'équité envers les contribuables.

On pourrait donc, dans des vues d'amélioration, et en profitant des leçons de l'expérience ; 1°. conserver les directeurs-généraux, sous le titre et avec les fonctions d'intendans des finances ; 2°. rendre aux administrateurs le personnel, l'examen, la discussion et la solution de toutes les affaires, sur des rapports faits en conseil d'administration, sauf à soumettre à l'approbation du ministre secrétaire-d'état des finances les mesures qui, par leur nature, ne doivent recevoir d'exécution qu'autant qu'elles ont été approuvées par Son Excellence ;

3°. Fixer le nombre des administrateurs pour les douanes, les contributions indirectes, l'enregistrement et les domaines, en le proportionnant à l'étendue de leurs attributions.

On créerait dix administrateurs pour les douanes ;

Vingt, pour les contributions indirectes ;

Et dix, pour l'enregistrement et les domaines.

Le cautionnement de chacun de ces administrateurs serait de 300 mille francs, ce qui, pour les quarante, produirait *12 millions*. Les administrateurs qui ont fourni six mille francs de cautionnement, imputeraient cette somme sur le nouveau cautionnement.

Le traitement de ces grands emplois étant et devant être, année commune, de 25 mille francs, il est évident qu'un cautionnement de 300 mille francs ne serait que dans de justes proportions, soit avec ce traitement, soit avec leurs fonctions d'ordonnateurs, pour toute la France, de recettes et de dépenses très considérables : on peut ajouter à l'appui de cette observation, que les receveurs-généraux établis dans chaque département ont, pour la plupart, des cautionnemens dont le montant excède celui proposé.

Les intérêts de ces nouveaux cautionnemens seraient fixés à 4 pour cent sans retenue, conformément à l'article 94 de la loi du 28 avril 1816.

Je n'ai parlé que des trois administrations dont l'organisation se rattache à celle des trois compagnies établies par S. M. Louis XVI en 1780.

Mais la même mesure pourrait être prise pour les postes, la loterie royale, l'administration générale des monnaies et l'administration des forêts, si le gouvernement estimait que le rétablissement en fût nécessaire pour la conservation des bois, ce que l'expérience avait déjà fait connaître, et ce qu'elle démontrera sans doute à l'avenir.

On pourrait aussi mettre plus en rapport les cautionnemens des divers *grades* dans les *différentes administrations de finances*. La loi de 1816 fournirait les élémens de comparaison, et le trésor aurait encore à recouvrer de très-fortes sommes.

Réglement des décomptes et recouvremens des sommes dues en capitaux et intérêts sur le prix des ventes des domaines de l'Etat ; liquidations des créances données en paiement de ces biens.

DÉCOMPTES.

Aux avantages qui résulteraient, pour le trésor et pour l'Etat, du rétablissement des offices de judicature et de finance, des maîtrises et jurandes, des compagnies des Indes et des compagnies de finances, on pourrait encore ajouter ceux que procurerait le prompt réglement des décomptes des biens vendus par l'État.

Ces décomptes ont été successivement réglés par l'administrateur de la caisse de l'extraordinaire, par la commission des revenus nationaux et par l'administration des domaines.

Lorsque le prix d'une vente est réputé soldé en capital et intérêts, l'administration vérifie si les paiemens ont été faits conformément aux lois, et la situation de l'acquéreur est établie par un décompte, d'après lequel le *quitus* lui est délivré s'il a soldé ; dans le cas contraire l'acquéreur doit, pour l'obtenir, se libérer du résultat constaté par le décompte.

On règle aussi un décompte lorsque tous les termes de paiement du prix d'une vente sont échus, pour faire payer ce qui reste dû sur le capital, et les intérêts non acquittés aux échéances.

Si l'acquéreur en retard de paiement d'un ou plusieurs termes, ne s'est pas libéré après les notifications faites conformément à l'ordonnance du Roi, du 11 juin 1817 (1), on règle un décompte des intérêts qui représentent la jouissance ou les fruits perçus jusqu'à l'époque de la dépossession par suite de la déchéance prononcée définitivement, et approuvée par le ministre des finances.

Cette marche est suivie tant pour les anciennes aliénations que pour les ventes faites en vertu des lois des 20 mars 1813 et 23 septembre 1814, soit de partie des biens des communes, soit d'une portion des 300,000 hectares des bois de l'Etat, et antérieurement à la loi du 28 avril 1816, qui a fait *cesser ces ventes.*

---

(1) « LOUIS, etc. ART. 1er. L'action pour le recouvrement » du prix des biens vendus au nom de l'Etat, continuera d'être » exercée par voie de contrainte et de déchéance, conformé-

Il est encore dû des sommes considérables sur les décomptes, dont la rentrée ne s'opère que lentement. Pour en accélérer le recouvrement et éviter la prescription établie par le décret du 22 octobre 1808, faute de signification du décompte dans les six ans, une loi ou une ordonnance du Roi pourrait autoriser les directeurs à régler définitivement les décomptes,

---

» ment aux lois et arrêtés du gouvernement, du 4 thermidor » an XI (23 juillet 1803).

2. » A défaut de paiement, la déchéance sera prononcée par » les préfets, sur la demande des préposés de l'administration » des domaines, et les arrêtés de déchéance ne pourront être » mis à exécution qu'après avoir reçu l'approbation de notre » ministre secrétaire d'Etat des finances.

3. » La reprise de possession de l'immeuble par le domaine » n'aura lieu qu'un mois après la notification de l'arrêté de » déchéance à l'acquéreur primitif, au détenteur actuel, aux » acquéreurs intermédiaires, s'ils sont connus, et aux créan- » ciers inscrits ayant hypothèque spéciale sur l'immeuble.

4. » Pendant le cours du délai fixé par l'article précédent, » l'acquéreur primitif, le détenteur, les intermédiaires et les » créanciers hypothécaires seront admis à payer la somme » exigible en capital, intérêts et frais ; et les tiers qui auront » effectué le paiement, seront subrogés par la quittance aux » droits du trésor pour leur remboursement.

5. » Lorsqu'un bien provenant d'émigré sera rentré dans » les mains du domaine, par suite de déchéance, à quelque » époque qu'elle ait eu lieu, l'ancien propriétaire, ses héri- » tiers ou ayant-cause, pourront en obtenir la remise, confor- » mément à la loi du 5 décembre 1814. »

en se faisant fournir par les receveurs des domaines *copies certifiées des enregistremens en recette*, à faire acquitter le solde et à délivrer le quitus lorsqu'il ne s'éleverait aucune réclamation sur le réglement et le résultat du décompte.

Au moyen des lois et instructions existantes, de l'expérience acquise dans cette partie, et surtout de la remise de la *copie des enregistremens en recette*, on éviterait à l'avenir les lenteurs occasionées par les envois à l'administration et les renvois des décomptes aux directeurs, et principalement la prescription qui a déjà fait perdre des sommes au trésor.

Les directeurs continueraient de rendre compte à l'administration du contentieux des décomptes portés devant les préfets; et de son côté, elle continuerait de suivre les instances devant le ministre, le comité des finances, ou le comité contentieux du conseil d'Etat.

Les directeurs transmettraient aussi à l'administration les demandes en restitution, pour qu'elle les soumît au ministre.

Les recouvremens seraient alors plus prompts et plus assurés;

Les affaires mieux instruites et avec plus de célérité, puisque les bureaux de l'administration n'auraient à s'occuper que du contentieux.

Il conviendrait même que les rapports faits au conseil d'administration, par la division des décomptes, fussent sur-le-champ transmis à Son Excellence le ministre des finances. On éviterait les fréquentes lenteurs qui ont eu lieu par la remise intermédiaire dans les bureaux de M. le directeur général, et que des préposés peu instruits dans cette partie ne proposassent des modifications contraires aux lois et à la jurisprudence du conseil d'Etat, comme cela est arrivé fréquemment.

LIQUIDATIONS.

L'administration est chargée, par le décret du 13 décembre 1809, des rapports à soumettre au gouvernement, sur la liquidation des créances données en paiement de biens vendus par l'état; cette liquidation est nécessaire pour procéder au réglement des décomptes, lorsqu'il y a lieu. Mais cette liquidation, lorsqu'elle n'est pas demandée par les parties, est tout-à-fait inutile et même onéreuse à l'état et aux particuliers, dans le cas où une femme a acquis les biens de son mari émigré, pour se remplir de sa dot et de ses conventions matrimoniales; où des enfans ont acheté ceux de leur père pour assurer leur légitime et les droits qu'ils avaient à exercer;

en un mot, toutes les fois que les biens ont été acquis par des personnes de la famille, pour les remettre à l'ancien propriétaire. La Charte, l'ordonnance du Roi du 21 août 1814, ayant rétabli dans leurs droits politiques et civils ces anciens propriétaires, et la loi du 5 décembre 1814 ordonné la remise des biens invendus et des sommes restant dues, il en résulte que ces liquidations ne doivent être faites que par des actes de famille, et que, s'il s'élève des difficultés, c'est aux tribunaux à prononcer.

Il doit en être de même pour les créances données en paiement des biens provenant de personnes qui ont péri victimes d'une condamnation révolutionnaire, ou des prêtres qui ont été forcés de quitter le territoire français, puisque les lois antérieures leur ont rendu, ou à leurs héritiers, les biens invendus, et les ont autorisés à recevoir ce qui restait dû sur le prix.

En procédant à ces liquidations de créances, pour des ventes qui remontent à plus de vingt ans, on cause sans motif des inquiétudes aux veuves, enfans et héritiers domiciliés souvent à de grandes distances, on les expose à payer des frais inutiles d'expéditions d'actes; à voir rejeter, faute de l'accomplissement des formalités prescrites pour la liquidation, les créances les plus légitimes, ce qui peut faire naître des procès et troubler la paix et l'union des familles. C'est un abus que j'ai remarqué, et qu'il est de la sagesse du gouvernement de faire cesser, en ordonnant qu'il ne sera plus procédé aux liquidations de cette nature.

Laissez aux parties, dans ces cas, à exécuter ou à contester les titres; l'Etat doit rester étranger à ces arrangemens, où il n'est pas requis d'intervenir; il y aura avantage pour les particuliers; et pour le trésor, diminution de frais de bureau, et les préposés pourront s'occuper d'opérations plus utiles, en accélérant la rentrée des sommes dues ou d'objets administratifs nécessaires pour le bien du service.

Ménagez et conservez tous les préposés de l'enregistrement et des domaines; cette administration exige des connaissances étendues et que l'on n'acquiert que par un très-grand nombre d'années consacrées à l'étude des lois et au service de l'État.

Si le Roi et les Chambres rétablissent les institutions secondaires, et mettent en usage les mesures de finances et d'améliorations proposées, le trésor pourra recevoir, dans le cours de trois années, environ un milliard.

Cette somme servira à l'*acquit des dépenses extraordinaires*, et principalement de celles résultant des conventions du 20 novembre 1815, dépenses auxquelles il faut bien pourvoir, puisqu'il existe un traité signé qui reçoit de la loyauté française une exécution complète, et dans les limites posées par la raison et la justice.

FIN.

www.ingramcontent.com/pod-product-compliance
Ingram Content Group UK Ltd.
Pitfield, Milton Keynes, MK11 3LW, UK
UKHW021128230726
13926UKWH00002B/672